AF220882

Zwischen Zaun und Birke

Gedichte und Prosa

Rainer G. Gellermann

Illustrationen: Alena Steinlechner

Dorante Edition

Zwischen Zaun und Birke

Gedichte und Prosa

Rainer G. Gellermann

Bibliografische Information durch die Deutsche Nationalbibliothek: Die Deutsche Nationalbibliothek verzeichnet diese Publikation in der Deutschen Nationalbibliografie; detaillierte bibliografische Daten sind im Internet über http://dnb.d-nb.de abrufbar.

herausgegeben durch das Literaturpodium, Dorante Edition
Berlin 2020, www.literaturpodium.de
ISBN: 9783752638790

Foto auf der Vorderseite: Johanna Kunzendorff
Illustrationen: Alena Steinlechner www.steinlechner.de

Herstellung und Verlag: BoD – Books on Demand, Norderstedt

Chaos

Und die Vielfalt unserer Sinne
macht, dass wir die Welt erfassen,
dass wir lieben ihre Schönheit
und das Chaos manchmal hassen.

Doch die Schönheit, die wir sehen,
ist nichts andres als die Hülle
eines hochkomplexen Wesens
in dem steckt des Chaos Fülle.

Von Wurzeln und Wegen

Die Begegnung

Es war ein sonniger Tag im Juni der Jahres 1990. Das Grün vor den Fenstern überdeckte ein bisschen den Schmutz der Straßen und die tristen grauen Wände des Institutsgebäudes. Jemand hatte die Fenster putzen lassen. Das fiel mir auf, denn die Sonne schien heller als sonst in den Hörsaal, in dem die Tagung beginnen sollte.

Wie in den Jahren zuvor tauchten alte Bekannte auf. Studienfreunde, die es in die Industrie und den Bergbau verschlagen hatte und die diese Tagung schon seit Jahren nutzten, um ihre Fäden zu einer vergangenen Zeit nicht völlig abreißen zu lassen. Die Hochschule bot dazu immer wieder einen gern genutzten Rahmen.

Einer, auf dessen Kommen ich mich freute, war Peter. Wir hatten vor fast 20 Jahren gemeinsam unser Studium begonnen. Ich hatte inzwischen promoviert, war wissenschaftlich erfolgreich und dank der neuen Möglichkeiten hatte ich gerade die Aussicht, für ein Jahr an eine Universität in den USA zu wechseln. Peter kam aus dem Norden der Republik, die sich gerade auflöste. Von Karl, unserem gemeinsamen Freund wusste ich, dass er dort als Geologe in einem Kieswerk angestellt war.

Eigentlich hätte es viel zu erzählen gegeben. Die Wende hatte so vieles gewendet. Jetzt war erst einmal nur das große Begrüßen angesagt. Peter kam langsam die Stufen des Hörsaals hinunter. Seit unserem letzten Treffen waren schon einige Jahre vergangen. Wir schüttelten uns die Hände, schauten uns an und ich weiß noch, wie ich mich fragte, ob der Geruch, den ich wahrnahm und der mir wie Alkohol erschien, nicht doch auf ein neues Rasierwasser zurückzuführen sei.

Wir standen vor den engen alten Bänken und sahen viele neue Gesichter. An den Jacketts und Krawatten, konnte man erkennen, wer von wo gekommen war.

Plötzlich sahen wir ihn, den großen, elegant gekleideten Mann, der links oben in der Tür stand, aufrecht, selbstbewusst lächelnd. Er schüttelte einige Hände, sah sich um und genoss sichtlich die Atmosphäre.

Wir wussten, dass er kommen würde, es stand im kurzfristig überarbeiteten Tagungsprogramm. Professor W., der Direktor des

Bundesinstitutes aus Westberlin, dessen Name mir noch sehr geläufig war, dessen Gesicht ich noch gut kannte. Er war wieder da. Ich blickte zu Peter, der blass geworden war. Außer der etwas blassen Haut – war sie wirklich blasser geworden? – war in seinem Gesicht nichts weiter zu sehen. Vielleicht war er nur etwas müde von der langen Fahrt. Er ging die Stufen rechts hinauf, setzte sich in die vorletzte Reihe und wartete.

Vorn in der ersten Reihe saß W. Seine Glatze glänzte, seine Fliege schillerte in bunten Farben und sein edles Jackett lag knitterfrei um die Schultern.

Die Tagung wurde wie stets würdevoll eröffnet. Die alten Professoren, fast alle ehemalige SED-Genossen, begrüßten die neue Zeit, die neuen Chancen und sprachen von der Hoffnung auf eine Wissenschaft, die sich freier entwickeln könnte.

Die fachlichen Vorträge eröffnete W. und bevor er zu seinem Thema kam, schlug er einen kurzen Bogen in die Vergangenheit. Er freue sich, so viele alte Freunde und Kollegen wiederzusehen, die er aufgrund der politischen Situation so lange nicht begrüßen konnte. Die Hydrogeologie sei doch das Bindeglied, das systemunabhängig sei und dessen wissenschaftliche Fundamente die Wende der DDR überstehen würden, auch wenn sich die Rahmenbedingungen, unter denen sie anzuwenden sein, ändern werden. In seinem Institut hätte er schon jahrelang Schwermetallbelastungen des Grundwassers untersucht und Umweltfragen thematisiert. Das würde jetzt auch in dem Gebiet möglich sein, dass einmal DDR genannt wurde. Es gäbe so viele Aufgaben, die Wissenschaft benötigen, jungen Wissenschaftlern Arbeit bieten werden. Mit farbigen Computergrafiken und Diagrammen zeigte er seine Forschungsergebnisse vor. Das Klopfen am Ende war laut und ehrlich. Die Fragen danach sehr wissenschaftlich. Ich fragte mich allerdings, welche Gedanken wohl Peter durch den Kopf gegangen seien als er diesen Vortrag hörte.

Unsere gemeinsame Geschichte mit W. lag damals schon 15 Jahre zurück. In jenem Sommer war unsere Seminargruppe zu einer geologischen Exkursion in der Hohen Tatra gewesen. Unser junger und ideensprühender Professor W. hatte Peter in die Vorbereitung einbezogen, ihm die Abstimmungen und Routenplanungen mit den Kollegen der Universität im fernen Košice überlassen, eine

Aufgabe, die in jenen Zeiten, als elektronische Kommunikation nur über wenige Telefondrähte möglich war, viel Zeit, Geduld und Geschick erforderte. Peter, der die Geologie wie kein anderer von uns lebte, liebte und verstand, hatte die Aufgabe hervorragend erledigt. Das kleine Faltengebirge, eine für uns neue, alpine Welt, hatte uns geologische Prozesse gezeigt, die in den Mittelgebirgen der DDR naturgemäß nicht oder nur sehr versteckt sichtbar waren. Eindrucksvoll lag uns die Erdgeschichte offen, führte von den Lehrbüchern in die Wirklichkeit. Uns allen war klar: Gefördert von W. würde Peter in der Wissenschaft seine Zukunft haben und, wie ich aus vielen Gesprächen weiß, träumte auch Peter diesen Traum.

Im September begann unser letztes Studienjahr. Ich erinnere mich noch heute an den Abend, als wir beide in der Studentenkneipe saßen. Peter hatte schon dort gesessen als ich eintraf und bereits einige Bier getrunken. Er war angespannt. Erzähle sagte ich zu ihm. Na ja, ich bin noch hier, fing er an. „Und?", fragte ich. Was „und?", ich bin noch hier. „Also, erzähle", sagte ich. Und dann begann er langsam zu erzählen.

Er war am Nachmittag beim Institutsdirektor gewesen. Dort warteten auch bereits W. und der Parteisekretär auf ihn. W. erinnerte an die eigentlich sehr gelungene Exkursion, kam dann aber schnell auf den Grund des Gespräches zu sprechen. Man habe, so führte er aus, von hier nicht weiter zu nennenden Teilnehmern erfahren, dass er, Peter, mit den dortigen Institutsmitarbeitern beim Bierabend den sogenannten Prager Frühling als Hoffnung und Chance für den Sozialismus begrüßt hätte. Man hätte gesehen, wie ihm von einer Studentin in der Zeichnung eines 20 Kronen-Scheins der brennende Jan Palach gezeigt und er, anstatt dagegen zu protestieren, nur interessiert, ja geradezu zustimmend gegrinst hätte. Dieses Verhalten, das von politischer Unreife, ja von antisozialistischem Gedankengut zeuge, könne so nicht hingenommen werden.

Peter muss wohl versucht haben, sich zu erklären, zu rechtfertigen war sowieso nichts mehr. Er wäre in dieses Gespräch hineingezogen worden. Die Kommunikation war schwierig, halb russisch, halb deutsch, aber es können schon unbedachte Äußerungen dabei gewesen sein.

„Das Ergebnis stand offenbar fest, bevor ich da war", sagte Peter. W. hätte ihm vorgehalten, dass er als Mitglied der FDJ-Leitung offensiv die Linie von Partei und DDR hätte vertreten müssen, was ihm an diesem Abend nie in den Sinn kam. Deshalb säße er jetzt hier, dürfe sogar noch fertig studieren, man halte ihn aber nicht für geeignet, um an der Hochschule wissenschaftlich zu arbeiten. „Ich werde mich erst einmal in der Praxis bewähren müssen. Auf der nächsten FDJ-Versammlung werde ich noch meine Reue zeigen dürfen, Selbstkritik üben und werde aus der FDJ-Leitung ausgeschlossen", sagte Peter.

In meiner Erinnerung sehe ich ihn, wie er dasaß, mit seinen Gefühlen kämpfte, schluckte und dann ein neues Bier bestellte.

Wenige Wochen später, Ende September durfte W. an einer großen internationalen Tagung in Wien teilnehmen. Eine Woche bevor er abreiste, war die allmontagliche Parteiversammlung. W. saß vorn neben dem Parteisekretär und berichtete seine aktuellen politisch-ideologischen Einschätzungen. Der Helsinki-Prozess habe negative Auswirkungen auf die Diskussionen im Institut. Dem müsse man mit aller Kraft und Härte entgegentreten. Peter S., der bei der Fachexkursion in die Hohe Tatra ein klar antisozialistisches Verhalten gezeigt hätte, sei auf seinen Vorschlag zur Rechenschaft gezogen werden. Er hoffe damit gezeigt zu haben, dass man konsequent zu Sozialismus und zur Partei der Arbeiterklasse stehen müsse. Politisch ungefestigte Personen könne man nicht zur Promotion zulassen.

Am Sonntag darauf reiste W. ab. Er nahm den Zug, der von Dresden nach Budapest fuhr, stieg in Bratislava um, und kam nie wieder.

Heute, zwanzig Jahre nach dem Ende der DDR, erhielt ich einen Anruf von Karl. Peter wäre vor wenigen Tagen verstorben. Es sei ihm schon längere Zeit nicht gut gegangen und schließlich hätte die Leber nicht mehr mitgemacht.

Mir fiel der Name W. ein und als ich im Internet danach suchte, fand ich eine kurze Pressemeldung. Er hatte im Frühjahr seinen 75. Geburtstag begangen und war von seinem Berliner Institut mit einem Ehrenkolloquium geehrt worden. Niemand hat je nach den dunklen Seiten seiner Vergangenheit gefragt.

Blauer Faden Leben

Als strahlende Mutteraugen
sein hellblaues Jäckchen belächelten,
lächelte sein Herz sprachlos zurück.

Als ihm freundliche Männerhände
das pionierblaue Halstuch umlegten,
fühlte er Jungenstolz in der schmalen Brust.

Als das jugendblaue Hemd
mit dem strahlenden Emblem vor ihm lag,
war das Herz schon zweigeteilt in seinem Innern.

Als die dunkelblaue Levis
im Paket aus dem anderen Land ankam,
klopfte sein Herz im Rhythmus des Rock´n Roll.

Als man ihm vor einer blassblauen Wand
die Nadel mit dem festen Handschlag ansteckte,
fröstelte Gänsehaut auf seinem Herzen.

Als hoffnungsblauer Wind
die tristen Wände der Nadelträger einriss,
fremdelte sein Kopf mit dem Herz.

Als er im glänzendblauen Anzug
ins stilvoll designte Büro trat,
strahlte Aufbruch in der breiten Brust.

Als der nacktblaue Brief
vielsagend stumm auf dem Tisch lag,
pochte dumpf sein Herz.

Als Leute mit dem tiefblauen Logo
kamen und flüsterten „Alles für Dich",
schüttelte sein Herz den graugewordenen Kopf.

Als im Jubeljahr der Zeitenwende
die halstuchlosen Enkel aufrollen wollten
den blauen Faden Leben,

erzählte er ihnen
das Blaue vom Himmel.

Fragestunde DDR

Geschichte
wird gemacht
aus Fragen.

Was war ich?
Laufbursche?
Läufer?
Mitläufer?

Wo warst du?
In der Partei?
In der Schule?
An der runden Ecke?

Wer tat was?

Ich tat nichts!
Du tratest ein!
Du Täter!
Wir tuten

ins neue Horn.
Blasen den brennenden Wodkageschmack
in die brennenden Votivkerzen vor dem Vergebensaltar
bis der Atem mintgrün funkelt.

Jetzt aber
nicht mehr anrühren den gärenden Hefeteig der Vergangenheit.
Streut das weiße Mehl widerständiger Geschichten darüber,
bis die Frage verblasst:

Warum?

Zeitzeugen

Da stehen sie, die Spätgeborenen.
Glatt gegelt mit hungrigen Augen am frisch renovierten alten
Checkpoint, als könnte dort die schäbig abgelaufene Zeit erscheinen: Choreografie des Terrors auf blutigen Füßen, tanzend mit
Schorf und Schmutz der Geschichte.

Da kommen sie, die Zeitzeugen.
Reingewaschen die Füße im klaren Erzählstrom unstrittiger Substantive; schwingende Hände halten die aktiven und passiven
Verben an dünnen Fäden aus altem Licht, gießen die Adjektive
durch das feingewebte Sieb der Erwartungen.

Da fließen sie, die Erinnerungen.
Unrecht tropft purpurfarben durch filigrane Maschenraster auf
schwarze Schuhe. Goldglänzend darübergestreut die verblichenen
Stäube widerständigen Mehls. Nur keinen grauen Staub aufwirbeln! Zudecken den Satz im Sieb mit Zeitungspapier.

16

Ostfälische Flachlandgedichte

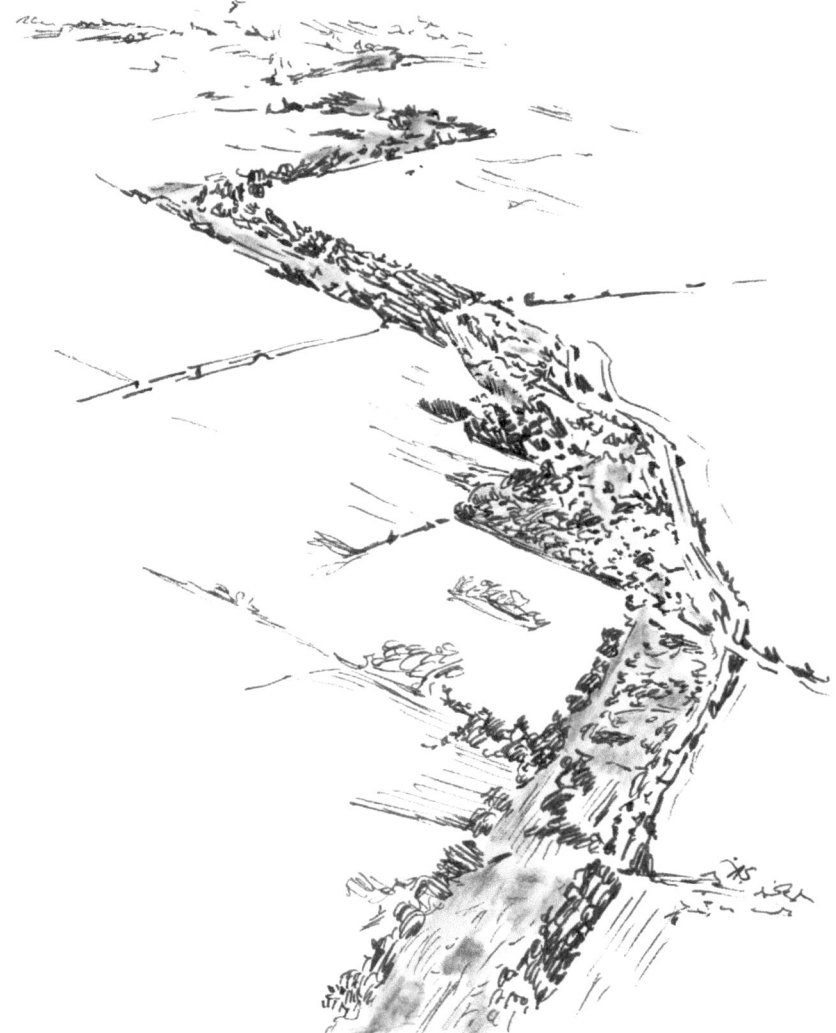

grünes band

der weg wandlos wanderbar
weggenarbt die todesangst
verwehte choreografie
des machtvollem gleichschritts
zwischen spitzwegerich und wiesensalbei

wortlos der ausgestoßene atem
von lebendigen bäumen
in wogendem grünen gleichmaß
sich selbst überlassen
der schlangengleich hinwindende kolonnenweg

im ostwind tanzen wolken im rudel
graugewaschene wachtürme
erstarrte orks werfen
schattenstrich statt schlussstrich
sonst nichts

Wo ich herkam

Nicht gebückt, vornüber gebeugt gehe ich durch den Ort, namensgleich dem Dorf meiner Kindheit. Suche den vergessenen Stein des Anstoßes zwischen pleistozänen Hügeln, einst bewachsen mit streng bemessenen Kartoffelfeldern, bekrabbelt von abzusammelnden Kartoffelkäfern, begrenzt von störrischem Kiefernwald und weichem Kumulushimmel. Die tiefgekühlten Erinnerungen tauen auf. Kaiserzeit raunt am rauchschwadenumhangenen Wirtshaustisch. Ein unsichtbarer Mann sitzt im Radio, spricht Worte aus einer anderen Welt. Kein Grund zu fliehen, nirgends.
Wegasphaltiert das alte, zartblaue Straßenpflaster der Dorfmitte. Mit den neuen, dunkelblauen italienischen Schuhen quere ich eilends die Straße, fliehe den freien Verkehr freier Bürger auf der B 248. Einst sorgenfreier Spielplatz zwischen dem eisernen Trappeln der Fuhrwerke und den lautlosen Schatten der Linden, längst der Freiheit der Fahrenden geopfert. Über das Pflaster sind auch sie gefahren, die machorkarauchenden Soldaten. In die Wälder am Rande der Welt, die sich frei nannte – von beiden Seiten. Kein Grund wegzugehen.
Der Dorfplatz hat seine sandige Geschichte vergessen, akzeptiert die neue Enge und einen Trockenrasen. Fern in den Furchen meines Hirns summen Arbeiterlieder, der Durgesang an den Feiertagen, als die Hoffnung noch Hoffnung war, ein Junge auf einem Podest zum 1. Mai Brechtverse aufsagte und große Augen stolz zu ihm aufblickten. Als Deutschland einig Vaterland noch in der Fibel stand und Männer vom verlorenen Krieg flüsterten, wenn neue Macht neue Mächtige mit neuen Losungen ans Rednerpult stellte. Ein Grund zum Nachdenken.
Lange verweht der Geruch von Pferden und Kuhmist. Abgeräumt die Grabsteine von Bäcker, Schuster, Schneider, Schmied. Weggetickt von den Uhren die Brigaden und der Agronom. Der Ikarus*, der mich zur Schule brachte, abgestürzt ohne verbrannte Flügel. In seiner Spur der Anstoß zum Abflug, eine Himmelsleiter über den Horizont in ein anderes Land. Ein Land mit strengen Gesetzen und klaren Regeln. Lösungen statt Losungen: Die Wahrheit des fallenden Steins ist schlagend. Ein Grund ihr nachzugehen.

* Markenname der ungarischen (Schul-)busse in der DDR

Marienborn

Vergessen die Mandeln, die bitteren,
die wir uns süß redeten,
wenn am Horizont die wachkalten Neonlampen
aufleuchteten am Schlupfloch
für Andersseitige, die passieren konnten
durch die tausendfach gesicherten Barrierenfelder.

Dein braunes gehorsames Auge,
mein blauer angepasster Blick.
Wir spannen unsere Fäden im Diesseits,
färbten sie mit der Illusion von Sicherheit,
die über uns herabrann,
wie der klebrige Saft der Birke.

Jetzt,
unsere verronnenen Jahre im Rücken,
die süßen Mandeln auf der Zunge,
frage mich nicht nach den Mandeln,
frage mich
nach den Birken.

Braunschweiger Löwe

Einsam der König auf seinem hohen Podest,
aufgestelztes Duplikat vor der nachgebauten Burg.
Wappenloses Wappentier der Wüste,
reglos ausgesetzt dem prasselnden Regen
und der gelangweilten Gleichgültigkeit
der vorbeihetzenden Untertanen.

Starr duldet das Tier seine Würde.
Um ihn herum tanzen die toten Seelen der Stadt
durch die Savannen der Fachwerkhäuser.
Suchen nach dem Meer des Vergessenwerdens
zwischen den Zeilen chronisch aufquellender Chroniken.
Im Pflaster glänzen Stolpersteine.

Erinnerungslos steht er da, vergisst nichts,
sieht alles und fühlt den Herzschlag der Steine
in seinem Bronzefell bis zum Augenblick, wo der Löwe
seine Herkunft erkennt, die Himmel vergisst, die Erde berührt
und sein Blick die Vergangenheit spaltet
in braun und schweig und nein.

Halberstadt – John Cage Projekt

(so langsam wie möglich zu lesen)

Morsche Mauern, graue Steine
es riecht nach Moder überall.
Die kahlen Wände haben eine
Botschaft: sie künden vom Verfall.

Doch stetig tönt ein heller Ton.
Er weht und zittert durch die Hallen,
wie Muscheln rauschen und wie Wasser fallen,
so strömend lang und monoton.

So wie er klingt, so will er bleiben,
will Uhren halten bis der Zeiger klebt.
Will Ewigkeiten dauern, doch es reiben
sich Wirklichkeiten dran, die Zeit vergeht.

Ein eisern Ring, er klammert an den Mauern,
ein Ring, der uns auf Bilder weist
von einer Schlange, die sich beißt.
Und Tafeln künden von dem Wunsch zu überdauern.

Indem sie ferne Jahre zählen,
berichten sie von Hoffnung auf die Welt,
von Menschen, die in Zukunft Friede wählen
und Kunst, die diese Welt zusammenhält.

Harz

Nicht zu unterschätzen als Wort:
Synonym für Sorge bis Elend
mit TZ.
Goldglänzend und klebrig im Namen
als das.
Eine bucklige Wand im Nordwind
als der.

Dahinter, wie eine Collage zusammengeleimt,
ein hingestreckter Körper: Meta und Morphite.
Das fichtengrüne Gesicht zernarbt
zum Fleckenteppich mit asphaltgrauen Nähten.
Der felsharte Rumpf zersägt
von der in Flüssen verronnenen Zeit.
Der buntmetallige Leib ausgebeutet
wie Afrika von schuftenden Vorfahren.
Das Herz rotschimmernd,
dem Himmel lustvoll entgegengestreckt
wie eine ewig feste Frauenbrust.
Ein Brocken aus Plutos Reich,
zum glattrasierten Gipfel gewachsen.
Ein seltsamer Attraktor
für Hexen und Hergereiste
im unverharzten Kontinuum.
Darum ein klebriges Land,
festhaltend die Dagebliebenen
mit dreifaltiger Trostlosigkeit und Hartz vier.
Doch immer wieder:
Heimat für Harzgesottene.

Die Leistenklippe

Einst der einsame Höhepunkt
für die geduldig Eingesperrten
mit Ausblick auf das Unerreichbare,
das frei schwebend heranzog,
weiß wie die Unschuld,
hockte sie nackt und frierend
dicht unter den Wolken.

Jetzt, downgegraded
durch den Sog des großen Magneten,
im Lichte des überall Erreichbaren
lockt sie höhnisch mit Stempeln
die Besteiger mit dem festen Tritt.
Nicht für jeden zu leisten,
doch leistbar für die Geübten.

Für immer festgeklebt
im zähen Harz des tiefen Magmas,
ist sie angekommen bei denen,
die nach entlegenen Klippen suchen
im Ozean voller Menschenwogen.
Bleibt nicht zu erfahren
und doch eine Erfahrung wert.

Wurmberg

Vermaledeiter Hügel!
Ragst grün in den dezembergrauen
Milchglashimmel.
Warte, wir erledigen dich!
Wir schießen dich weiß
mit Schneekanonen.

Achtermann

Tot sind rings die Wälder,
weit die Blocksteinfelder.
Harz bist du noch schön?

An verdorrten Stämmen
dürre Äste hängen,
trocken weht der Wind.

In den Himmel ragen
Wolken voller Fragen.
Wohin zieht die Zeit?

Doch geduckt am Boden
wachsen grün wie Loden
Buchenbäume neu.

Das Lied vom Felsen

Lass uns zu dem Felsen steigen,
der geschliffen ist vom Regen,
der bewachsen ist von Träumen,
die still tanzen ihren Reigen
und uns fragen, was wird bleiben,
wenn die Wasser weiter reiben,
was wird Sand
und was Erinnerung?

Auf dem Felsen will ich liegen
von den jungen Zeiten träumen,
als die Wolken wohlig wogten,
und die Uhren rückwärts kreisten,
als die Bits noch niemand baten
und die Bytes noch keinen zwangen,
was zu tun.

Dieser Felsen im Gebirge,
Rosensträucher an den Füßen,
war einst Ziel von allen Wegen
als die Wiesen rundum blühten,
war ein Kirchturm in der Wüste
durch die heiße Winde wehten
und der ohne Worte sagte:
bleib doch wach.

Ungezählt die Sonnentage
als wir lagen bei den Spatzen
und den Meisen auf der Wiese.
Wolken zogen heimlich weiter,
ungesehn.

Unbemerkt die Uhren griffen
unsre Hände, unsre Beine,
zogen unerbittlich Kreise,
die sich langsam knirschend drehten
und uns wiesen unsre Wege,
unbewegt.

Unerzählt die schwarzen Stunden,
als die Winde eisig bliesen,
als die Blöcke frierend standen
mit der Last auf ihren Fugen,
schwarze Risse zogen Fäden
unbemerkt.

Ungesprochen bleibt die Frage,
welcher Riss wird wieder heilen,
welche Naht spürt noch die Nähe,
welcher Faden wird wann reißen,
weil die Wasser an ihm reiben,
unentwegt.

Doch ein Felsen bleibt ein Felsen,
der den Zeiten trotzt entgegen.
Fest gefügt darauf zu bauen
und den Steinen zu vertrauen,
dass sie glänzen auch im Regen,
dass sie tragen ihre Lasten,
dass sie bleiben,
wenn die Stürme wehn.

Lass uns auf dem Felsen sitzen.
Laublos dort wie Datenbäume
tanzen lautlos unsre Träume
über Sand, der abgerieben,
über Zeilen, abgeschrieben,
zum Erinnern aufgehoben
und vergessen,
wie den vor´gen Tag.

kolonnenweg

grenze von furcht und angst
wo die freiheit der vögel die einzige war
harter beton
linientreu verlegt als schlangenlinie

zeichen eiskalter zeit
wo die uhren gehorsam still standen
bröselnde platten
das bleibende bleibt sich treu

keuchender augenblick
wenn der berg die aussicht frei gibt
wandervögel auf dem zug
lauer westwind weht zukunft

niedrige mittagssonne
wenn baumskelette schatten schlagen
verwittertes waldrauschen
nassgrünes januargras zittert

das bleibende
grüßt das kommende

Dessau

Aus den verwaschenen Wogen
des Ozeans vergangener Figuren
herausfischen die klaren Formen des Einfachen
das nur zu erfinden ist in Köpfen
voller zusammengestürzter Ideale
lebenssuchender Überlebender
und aufbrechender Abbrecher alter Ornamente
voller zweifelsfreier Hoffnung

Zwischen Handkunst und Bauwerk
die Form neu gestaltet von Gestalten
die heraustraten aus dem ewigblauen Dunst
filigraner Ranken in den Knoten
die die Geschichte schlug
und geometrische Gebilde aufschnitten
hoffnungsfroh das Ganze suchend in den Bausteinen
der ungehemmten Geister

Stahl Glas Beton

Jetzt steht es da in der Stadt
und sieht hoffnungsvoll der Geschichte entgegen

Schöningen – das Paläon

Mürbes Holz in schwarzer Vitrine.
Relikt von Menschen und Feuer,
vom Leben der Kinder und Töten der Pferde,
von Jägern und Gejagten,
von Vätern und Söhnen,
von Müttern und Töchtern,
von vergessenen Geschichten.

Holzspeere erzählen von versunkenen Zeiten
vor einem Drittel Million Jahren.
Die Zahl gilt als Sensation -
die ältesten Jagdwaffen der Welt!
Doch niemand fühlt,
wie lang das wirklich ist.

Stolz sind die Finder, dass sie
nach einem Drittel Million Jahre
noch was gefunden haben.
Winzige Holzschnitzel, Speere, ein kleines Lager,
in einer weiten Ebene, am Rande des Sees.
Weggebaggert heute von riesigen Maschinen.

Was gibt uns Hoffnung,
radioaktive Abfälle
eine Millon Jahre so zu verstecken,
dass niemand sie findet?

Morsleben – Asse – Konrad

1. Der Väter Erbe

Drei Versuche, sich einer Last zu entledigen.
Drei Ansätze, ein Problem zu lösen.
Drei Hoffnungen auf einen Erfolg.
Drei Irrtümer über die Ewigkeit.

2. Der Mütter Sorgen

Tausend Ängste über das Scheitern.
Hundert Experten, die es besser wissen.
Zehn Vorschläge, die Zeit zurückzudrehn.
Ein bohrender Gedanke: Wie weiter?

3. Gottes Antworten

Nimm an, was dir übereignet.
Was da ist, wird hier bleiben.
Es führt kein Weg zurück.
Ich bin bei dir.

Asse II

Es gibt vergrabene Träume,
es gibt geborstene Sätze.
Es gibt nur Macht über Räume.
Die Zeit hat eigne Gesetze.

Marodes kann man stützen.
Auf Lügen kann man bauen.
Im Treibsand kann man sitzen
und fest dem Wind vertrauen.

Mit Ängsten kann man treiben,
mit Asse kann man stechen.
Doch das was war, wird bleiben,
und das was kommt, wird brechen.

Remlingen

Denke nicht an den Wald,
wenn dort Wald ist und da ist Wald,
aus dem traumfern zart
der Turm des Reichskanzlers ragt
in die weißen Wolkenberge.

Denke nicht an Windmühlen,
wenn dort Windmühlen stehen und da stehen Windmühlen,
die aus hoffnungsgrünen Träumen
zuckenden Strom mahlen,
im lauen Abwetter der Jahreszeiten.

Denk nicht an den Schacht,
wenn dort ein Schacht ist und da ist ein Schacht,
der sich hinter Hügeln duckt
als schäme er sich für die Alpträume,
die ihm widerfuhren, widerfahren.

Denk an den Würfel,
wenn dort kein Würfel ist und da ist kein Würfel,
der dort betongrau stehen wird,
obwohl vor dem Berg noch Würfelbecher klappern,
weil die Würfel längst gefallen sind.

Konrad

Ich bin Konrad.
Breitbeinig stehe ich im Land der pupillenlosen Augen. Vor mir die strahlenden Lichter der Stadt und des Stahls. Hinter mir der kopflose Körper des Geologen eingepackt in reines Salz. Gitter trennen ihn vom verwesenden Kopf, der Denken wollte. Sirenen heulen laut. Dickelköpfe locken die Neugierigen mit lautem Schmatzen. Das Klingelspiel läutet ein Staatsbegräbnis ein.
Ich warte auf Godot und schweige.

Ich bin Konrad.
Um mir im Salzsumpf der Geschichte brüten die Moskitos am Gelbfieber der Genehmigungsbescheide. Aus vergilbten Papieren wachsen Fragen wie runzlige Drachenköpfe. Die Trolle und die Elfen tanzen darum ihren Veitstanz des Verderbens. Tretminen grinsen zwischen den Deckeln der Aktenordner. Zerrissene Sprüche marschieren im Stechschritt durch die Seiten.
Ich warte auf Godot und schweige.

Ich bin Konrad.
Neben mir tanzen die Nein-Sager den sterbenden Schwan. Große Konkavlinsen fokussieren den Blick ins Nahfeld. Schirmmützen, in die Stirn gedrückt, drehen den Sehwinkel ins Gewissenlose. Ihre vergifteten Pfeile zielen auf die schwarzen Wolken der Vergangenheit – und treffen die weißen Nebel der Zukunft. Zufallstreffer wie Lottozahlen in strahlende Kinderaugen.
Ich warte auf Godot und schweige.

Ich bin Konrad.
Aus unsichtbarer Ferne höre ich die Kolonnen der Leichenwagen. Abgeschirmt von Stellwänden voller alternativer Fakten die leblosen Kinderkörper. Weggeblendet der unpassende Harm rotgeränderter Mütteraugen. Gut geölte Netzwerke fressen das Echo ungelegener Schreie, verdauen ihre Weichteile und sondern den Kot der Stille in die gutgläubigen Köpfe ab.
Ich warte auf Godot und schweige.

Heute im Norden

Graue Kirchen, sonnenverblendet,
kornblumenfrei
zwischen windbenetztem Granit.

Mooshaltige Steinhaufen. Nebelbedampft.
Vorwärts
auf Geröll unter den Schuhen.

Schwarzer Feinsand, Seetang.
Nässetage
voller rauer Haut, rauerem Westwind.

Windiger Mollgesang
einer Felsnadel
zur stillen Polarsternzeit am Fjord.

Leerer Warteraum. Wanderlos.
Vergessen
hinter feuchtem, uhrenfreien Föhrengeruch.

Das Echo der Hektik
fällt langsam
aus der stehengebliebenen Zeit.

Tschernobyl II

Hier stehe ich, ein kleiner Baum
im großen Walde, der von vielen Bäumen
geschützt wird und verborgen bleibt,
dieweil die Jäger um mich schleichen
und manch Wild den Rücken an mir reibt,
so wag ich doch von Zeit zu Zeit zu träumen.

Der rote Wald ganz in der Nähe,
bringt abends mir den Hauch des Todes mit.
Doch blühen Blumen wie in alten Zeiten,
in denen Autos fern vorüberhuschten
und in den Sümpfen keine Wölfe heulten,
die heute dort vorübereiln mit leichtem Schritt.

Ruinen grüßen fern mit leeren Schloten,
die steil im warmen Winde stehn.
Sie haben keinen Zweck mehr zu erfüllen,
außer: das Zeichen einer Zeit zu sein,
die lang schon ruhet in den stillen
Geschichten alter Leute, die vergehn.

Wüstenwinter

Ouvertüre mit Afrika. Ein Flugfeld mit Morgenfrost, ein Herz-
klopfen, beinah wie ein erster Blick in der Disco. Die Nacht in den
Augen versickert im Fahrtwind. Unsere Haut überstäubt mit dem
Gruß der kalten Wüste.

Am Tag die Sandberge. Zartrote, windgetriebene Monsterhügel.
Hingestäubt bis an den Horizont. Mühevoll besteigbar mit nach-
gebendem Tritt. Unsere Spuren eilen unseren Erinnerungen vo-
raus, fliehen körnchenweise zerbröselnd aus der Zeit.

In der Nacht die Sterne und wir auf den kantigen Steinen mitten
im Nirgendwo. Mein Tinnitus versteckt die Stille in seinem ewigen
Da-Sein; nur der Mond zieht wortlos seine Bahn. Wir berühren
mit flackernden Taschenlampen den Rand unserer Welt.

Jetzt, mit Blick auf die blauen Harzberge vor dem Schrein aus
Bits und Bytes der einbalsamierten Bilder eines Sommers, glänzen
die Landschaften warm, drehen sich trockene Flussbetten um ihre
abgeschliffene Achse, spinnen wir die Fäden aus kalten Wüsten-
nächten zu einem warmen Kokon.

Etosha

Landschaft grenzenlos.
Zwischen den Ebenen und dem Himmel
weht der Wind aus Nord.
Afrikawarm.

Ein Loch in der Wüste.
Zwischen den Schenkeln des Busches
glänzt Wasser im Mondschein.
Riecht schwarz.

Durst zwingt die Freiheit
zwischen die Zangen aus Angst und Gier.
Zieht Giraffen, Gazellen, Gnus und Hyänen
magnetisch ans Loch.

Im Scheinwerferlicht
zwischen Nichtrosen und Keinebuchen
schweben graue Fleischklöße.
Elefanten.

Arena in der Wildnis.
Auf mauerbewehrter Höhe
sitzen wir wie weiße Schatten. Genießen
die fehlende Mauer.

Von Kreisen und Kanten

Eingekreist

Eingekreist wir.
Umringt von Wirren und Viren.

Außen drehen sich Eilmeldungen
vom Strahlenkranz zum Feuerring,
umschlingen fremde Lungenflügel, verbrennen ihre Federn.

Noch fliegen wir wie Ikarus.

Innen taumelt mein blinder Fleck
ins schwarze Loch leerer Regale.
Meine Quarant-Tränen warten
hinter den Ringen unter meinen Augen.

Noch lacht mein Clownsgesicht.

Ich surfe auf den unsichtbaren Wellen
zwischen Lorbeerkranz und Trauerkranz.
Suche Haltepunkte inmitten glitschiger Nachrichten
für unseren kleinen Kokon.

Noch dreht sich der Himmel nach Osten.

Ich winde dir Kränze zu Kronen.
Berührungslos gleitet mein Blick
über deine nackten Schenkel zu den Ringelsocken.

Wir ringen mit den Worten.
Warten auf Entvirung.

Systemrelevant

Das Wetter war sonnig; wir Stadtbewohner und die Moderatoren der Wettersendungen im Fernsehen nannten es schön. Es war Frühling. Eine gute Zeit zum Spazierengehen, aber wenn man älter als 50 und gewohnt ist, über eine mit Arbeit vollgefüllte Woche zu klagen, dauernd Wichtiges und Wichtigstes erledigen muss, dann beunruhigt der Blick auf die sonnendurchflutete aber ansonsten leere Straße vor dem Fenster schon.

Mitten in dieser pandemiegeprägten Zeit tauchte es auf, das Wort „systemrelevant". Plötzlich waren einige Auserwählte wichtig. Krankenschwestern, Altenpfleger, Polizistinnen und Ordnungskräfte – das waren Menschen, die „das System" brauchte. Bäcker und Verkäuferinnen wurden Helden des Alltags. Doch was war ich? Systemirrelevant? Unnütz? Überflüssig?

Ich saß im Homeoffice und eigentlich war auch in diesem Home-Office nicht mehr viel Office. Da alle Messen abgesagt waren, konnten wir, die Mitarbeiter einer Werbeagentur nur noch Strategien entwickeln für eine wie immer geartete „Zeit danach". Um sich Anregungen zu holen, konnte man durch das Internet surfen, Fernsehen, Radio hören – und warten, dass die Sonne unterging. Immerhin konnte man noch telefonieren. Ich rief meinen Kollegen Karl an. Wir erzählten ein bisschen von der ruhenden Arbeit, wie wichtig es wäre, wenn es bald weiterginge. Wie unsicher die Zukunft sei und wir in unserem Alter große Schwierigkeiten bekämen, wenn die Firma jetzt insolvent wäre.

Als wir unsere Themen fast abgehandelt hatten, fragte Karl beiläufig: „Weißt du noch wie es war als wir unsere letzte gemeinsame Dienstreise hatten." – „Ja, natürlich", sagte ich, „es war Anfang März und die Welt war noch in Ordnung. Wieso fragst du?"

„Nun, wir standen beide in Frankfurt auf dem Hauptbahnhof und waren ziemlich frustriert. Der Tag war wieder mal schlecht gelaufen. Wir hatten unser Projekt präsentiert und waren mit warmen Worten aber mit der klaren Aussicht, keinen Auftrag zu bekommen, verabschiedet worden. Du warst noch ziemlich angekratzt ..."

„Ja", sagte ich.

„… und dann kam, wie meist in Frankfurt, einer dieser vielen Bettler auf uns Wartende zu. Leicht gebückt, leicht schmuddelig, mit seinem devoten, flatterhaften Blick stand er unverhofft vor uns und fragte scheu nach etwas Geld. Er sei hungrig. Wir gaben ihm jeder einen Euro, er bedankte sich und zog weiter. Nebenan schüttelten die Leute mit dem Kopf. Er zog weiter, den ganzen Bahnsteig entlang."

„Ja", sagte ich, „was willst du mir damit sagen?"

„Ich denke jetzt öfter an diesen Mann und frage mich, was mit ihm und den anderen Bettlern passiert, wenn die Bahnsteige verwaist sind, er niemanden anschnorren kann. Er ist nicht nützlich für die Gesellschaft und systemrelevant ist er nie."

„Naja, er wird nicht verhungern", meinte ich. „Es ist traurig, solche Leute zu sehen, wie sie ihr Leben mit Schnorren verbringen, nichts Nützliches machen, wahrscheinlich Drogen nehmen. Wo viel Freiheit ist, ist viel Irrtum hat schon Schiller gesagt und sie sind offenbar in das große Loch der Freiheit gefallen, aus dem mancher nur schwer entkommt."

„Das mag sein", sagte Karl, „aber ich frage mich schon eine ganze Weile, ob dieser junge Mann nicht doch etwas Nützliches tat. Du hast ihm einen Euro gegeben, warum eigentlich?"

„Nun", sagte ich, „er stand vor mir so unterwürfig, so hilflos und einen Euro hatte ich gerade in der Tasche. Normalerweise gebe ich nichts, aber an diesem Tag und bei diesem Blick habe ich es eben getan."

„Ist dir eigentlich aufgefallen, wie er ging als er zurückkam? – auf der anderen, leeren Seite des Bahnsteigs hin zur Bahnhofshalle. Viel schneller, viel aufrechter und offensichtlich nicht unzufrieden mit dem Ertrag seines Schnorrens. Ein paar Euro waren sicherlich zusammengekommen und wahrscheinlich wusste er, was er damit machen wollte."

„Ich habe nicht darauf geachtet."

„Ich aber. Und ich denke seitdem des Öfteren, dass er uns doch etwas gegeben, etwas verkauft hat."

„Was soll er denn verkauft haben?"

„Ich denke" sagte Karl, „dass er uns ein Gefühl verkauft hat, das Gefühl der Überlegenheit. Er war abgerissen, er war ganz unten und zeigte das. Er gab uns das Gefühl oben zu sein, über ihm zu stehen. Er verkaufte uns ein bisschen Erhöhung und bekam dafür einen Euro. Hast du dich hinterher eigentlich besser gefühlt?"

„Ich weiß es nicht. Besser vielleicht nicht, aber immer, wenn ich was gebe, fühlt es sich an, als ob ich was Gutes getan hätte."

„Was ich aber jetzt weiß, ist, dass es uns genauso geht wie dem Schnorrer auf dem Frankfurter Bahnhof. Wir fahren zu unseren Terminen, präsentieren uns unterwürfig als dienende Dienstleister, versprechen Umsatzsteigerungen für Produkte, die eigentlich keiner braucht, ernten manchmal gleich ein Kopfschütteln, werden von den Kunden als Bittsteller gesehen, verkaufen eine Leistung, die offenbar genauso systemrelevant ist, wie das Gefühl der Überlegenheit, die uns der Schnorrer verkauft hat. Wir sind die besserbezahlten Schnorrer des Systems."

„Du klingst aber verbittert", meinte ich.

„Warum verbittert? Wir wissen doch beide, dass unsere Arbeit sehr weit oben auf der Bedürfnispyramide angesiedelt ist. Wir verkaufen bunte Bilder und schöne Sprüche. Wir kurbeln am Konsum, der das Klima zerstört und illustrieren das mit Slogans von grüner Nachhaltigkeit. Die vielen frisch gedruckten Euros warten schon auf uns. Irgendwann werden wir in unser normales Leben zurückgekehrt sein. Wir sind systemrelevant! Denn wenn wir das nicht mehr machen könnten, was wir tun, dann hätten wir ein ganz anderes System. Und das will keiner."

„Da magst du recht haben", sagte ich. „Lass uns nächste Woche wieder telefonieren. Bis dahin werde ich meinen Strategieentwurf für die Zeit danach fertig haben."

Ich legte auf und machte mich an die Arbeit.

Brennender Frühling

Unsere Welt dreht brennende Kreise,
duftet nach Apotheken.
Düfte sind klebrig.

Frühling erflammt mit Blütenzauber,
doch ein Kuss
birgt tödliche Gefahren.

In den wässrigen Sinn unseres Alltags
fressen sich langsam
schwarze Löcher.

Der rauchfahle Geruch von Gestern
weht Sehnsucht ins Morgen
nach Gestern.

Trockene Worte der Macht
schreiten schmerzend ein
gegen unser Zueinander.

Unter dem streifenfreien Himmel
fließen wir auseinander
ins Singuläre.

Brennender Frühling schmilzt unseren Leim,
legt die Streben frei,
die uns tragen.

Mein Streben im Strahlenkranz
der verfinsterten Sonne
bleibst du.

Das fröhliche Windrad

Auf brauner Erde, weit verstreut
ein schillernd buntes Federkleid.
Dazwischen liegt wie hingetupft,
ein Vogelkörper frisch gerupft.
Und drüber dreht sich Schlag um Schlag,
das Windrad lässig, Tag für Tag.

Energiewände

Gestern: die Kühltürme im Tal.
Betongraue Energiemonster.
Reglose Zeichen einer rechnenden Zeit.
Gebaren schaumweiße Wolkenfahnen
und unsichtbare Angstgeschwader.

Heute: schlanke Säulen auf grünen Wiesen.
Flügelräder zermahlen den Wind.
Setzen Energiewände in den Himmel.
Summend und sirrend der helle Tod
vor vogelfreien Wolkengebirgen.

Gezackt hocken glitzernde Paneele.
Pflastern unbeackerbares Ackerland
mit perlmuttergrauen Energiewänden.
Ernten Sonne wie andere Trauben.
Machen besoffen die Renditejäger.

Fragend sitzen wir im Haus.
Gekabelte Energie aus Wänden
sendet geraspelte Sprüche aus Boxen ins Ohr.
Doch die Sorgen kriechen
aus Ritzen und Rechnungen.

Wir ahnen:
was morgen kommt,
wird wie es war:
Wände
werden sich wenden.

die augen der ameisen

prächtige phrasen preisen präsidesk
das hohe gut
die freiheit
besitzen zu dürfen

klatschend fallen die worte
in den grauen menschenbrei
der kafkaesk durch grüne
fernsehbilder quillt

die angst des verlierens
unterspült die festen
der fragilen freiheit
vor den bildschirmen

wehrtürme wachsen
wie frühlingsgras
in dicht behaarten
köpfen

natodrahtig zerhacken
orbaneske zäune
die stumme land
schaft

hinter dem draht
grell glänzend
die riesigen augen
der ameisen

krabbelnd kommen sie
aus zerschossenen ölquellen
aus verbushten wüsten
aus skelettierten Städten

unterwandern das wohl
gefühl der unschuldigen
mit den blutigen
geldscheinen

drohend dumpf
summt ihr ton:
freedom is just another word
for nothing left to lose

Novembergrün

So frisch grünt das Novembergras.
Es sagt mir, dass das Klima lebt
und dass wir sägen an dem Seil,
an dem die Wetterfahne weht.

Das Christkind heizt den Ozean
weit hinter den Horizonten.
Die Weihnacht grünt nicht nur im Tann,
auch an den Wetterfronten.

Wir sparen Strom, wir sparen Gas,
wir können prächtig geizen
und leben doch ganz angenehm,
seit wir den Globus heizen.

Das frische Grün, es treibt den Wahn,
wir müssten nichts entbehren.
Wir tanzen um den Rohölhahn,
aus dem wir uns ernähren.

Doch grün weht auch das Fahnentuch,
das um den Ölhahn flattert
und dessen Farbe wie ein Fluch
in Köpfen um uns knattert.

Die Fahne weht im Klimasturm,
der Sturm, der treibt die Flut
und aus dem Dunkel kommt der Ruf:
baut Dämme hoch und gut.

Novemberstimmung zieht durchs Land,
sucht Köpfe, eingeigelt
in eine Welt die einmal war,
und die leicht aufgewiegelt.

Bei Nacht das Grün wird schnell zum Grau,
und Grau, das glänzt bald schwarz.
In Köpfen klebt Novembergeist,
Gedanken zäh wie Harz.

Die Sehnsucht ruft nach kaltem Schnee,
dem Schnee vom vergangenen Jahr.
Doch in den Gärten wächst das Gras,
es grünt und ist längst da.

Vier Sätze über das Chaos

1. Wärme ist eine Energieform:
   Das Chaos der Atome
   gibt uns ein wohliges Gefühl.
2. Wärme ist eine besondere Energieform:
   Das Chaos hat eine große Macht.
   Es wächst spontan und unaufhaltsam.
3. Wärme hat einen Nullpunkt:
   Das Chaos kennt ein Ende –
   Stillstand.

4. Der Wärme Quelle ist das Wort:
   Meine Wärme, deine Wärme,
   die uns führen, wenn wir fühlen,
   hilft uns fliegen in den Federn
   frisch gemachter Zedern –
   betten an so manchem fremden Ort.

   Und wir spüren, wenn wir lügen
   kalt im Kopf die Eitelkeiten.
   Doch die Wärme hilft beim Reiten
   auf den Wegen, die sich weiten
   aus dem Tal der Widrigkeiten.

   Angekommen in der Ebne
   in der Hitze mancher Nacht,
   in Gefühlen wir ertrinken
   und im Chaos dann versinken.
   Gott, das hast du gut gemacht.

Neue Tage

(zu Ingeborg Bachmann – Alle Tage)

Der Krieg wird erklärt in den Feuilletons
als exotisches Spektakel. Das Trommelfeuer
der Meldungen übertönt das Unerhörte.
Ungeduld ist der Motor der neuen Tage.
Sprachmühlen klappern am Streamingfluss.
Das Weh der Welt wird ausgekippt
in die Lostrommeln der Lärmmaschinen im www.

Armselige Sterne werden ausgezeichnet
für Belanglosigkeit. Die Hoffnung über dem Herzen
heißt Likes. Sie werden verteilt als warmer Regen,
bis jeder Widersinn aufglänzt im Ungeschehenen,
bis das Klicken der Klicks alle Feinde erschlägt,
bis die Freunde Massenware geworden sind
in den Flüssen von YouTube und Instagram,
die den Himmel bedeckten mit Grellheit.

Orden werden verliehen
für das Schwenken von Werbebannern,
für den Striptease der naiven Seelen
vor der laufenden Kamera,
für das Verschleiern unwürdiger Geheimnisse
in den hoheitlichen Nachrichten,
für die Nichtachtung jeglicher Regeln
mit den zugelassenen Worten.

Was ich wollte

Als ich durch die Stratosphäre schwebte,
weit über den flauschigen Wolken,
weit über den Pflichten und Regeln von anderen,
gut versorgt mit Freiheit zu wollen das Meine,
da lagen die toten Kühltürme am angstplanierten Boden,
da feierten die 5000 auf den Schutthalden erschlagener Argumente,
da tanzten die satten Rapper um ihr schreiendes Ich,
da näselte ein alter Mann von seinem Ding,
da hielt ich Jesus an meinem Gängelband.

Das wollte ich.

Als aber Flugzeuge reglos am Boden standen
und die Trümmer der Finanzmärkte niederprasselten
auf die Nullzinsen in den ausgedörrten Talsperren,
die Ameisen über meinen Zaun krabbelten
und die Sterne immer noch stumm zusahen,
da sah ich Jesus über das Wasser gehen,
da sah ich das Wasser unter Jesus fließen,
da sah ich mein Wollen auf den Schultern von Jesus –
da sah ich, wie Jesus einbrach in den trüben See.

Als aber Jesus aus dem Wasser stieg
und ihm Scharen von bunten Schmetterlingen folgten
aus der Chaostheorie vom Amazonasurwald
und die Schwarmintelligenz mit wirren Flügeln
vor der grünen Landschaft flatterte,
da streamte aus Lautsprechern digitale Marschmusik,
da saßen die hungrigen 5000 auf dem Ölberg,
da wuchsen Schlingpflanzen aus vergrabenen Argumenten,
da marschierten die Kühltürme im Stechschritt heran.

Das wollte ich nicht.

Am Morgen

Ein Abschied am Morgen
ein flüchtiger Kuss.
Ein Stückchen Routine,
ein Darf oder ein Muss?

Die Lippen, sie spüren
die Nähe von dir.
Sie sind eine Brücke.
ein Stückchen vom Wir.

Die kleine Berührung
so lass sie geschehn,
sie knotet den Faden
und lässt uns bestehn.

Zwei Leben

Zwei Leben lang Seit an Seit,
zwei Leben lang Sorge, Liebe, Streit,
zwei Leben lang Arbeit, Hast und Ruh,
zwei Leben lang du.

Das Jing, das Jang, das Jahr, der Gang

Der Tag, der Tang, die See, der Fang –
ein Wechselspiel der Bilder.
Ein Panta Rhei? Ein Regelgang?
Die Winde werden wilder.

Und du? Geh! Zeiten ändern sich! Ganz leis
die Wellen wachsen.
Der Fortschritt schreitet still im Kreis
und sucht nach seinen Achsen.

Die Nacht, das Riff, das Eis, es schliff
den Fjord. Jetzt musst es weichen.
Das Wasser greift mit stetem Griff
nach neuen grünen Reichen.

In Wirbeln dreht sich unversenkt
der Müll der Kontinente.
Poseidons Dreizack ist behängt,
ein modriges Plastikambiente.

Zerstört, zerrieben, feinst zerstäubt,
fließt Nanobrei durch Schlünde.
Von Fisch zum Netz, von Netz zum Tisch;
Geschmack hat tiefe Gründe.

Das Jing, das Jang, das Jahr, der Gang
der Zeiten, die sich wandeln.
Wo suchst du Schutz? Was macht dich bang?
Es bleibt noch Platz zu handeln!

Ludwigs Welt

Der Anfang der Welt:
Du und die Fäden auf denen die Elfen tanzen
im leeren Raum.

Nicht wie die Welt ist, ist das Mystische, sondern
wie sie gemacht wird.

Heute ist Nacht. Es starten schöpferische Schlachten. Die schlips-
losen Schlachter wetzen ihre Federhalter in Halbwahrheiten, ste-
cken die Substantive in die Kanonen und die Adjektive in die
Schrotflinten. Im Fadenkreuz wir.

Ich fühle die Böllerschläge, die kommenden, sehe dem Hand-
lungsfaden beim Kräuseln zu, höre das Knacken der Stille zwi-
schen den Zeilen. Auf weißem Untergrund schimmern die weg-
weisenden Buchstaben ins Bestimmte.

Meine kleine Welt
wächst aus ihren Worten.

Jetzt tanzen die nackten Silben lüstern durch den Irrgarten der
Fakten, vernebeln die Sätze vor meinen Augen, bauen Prädikate
zur Grenze der Welt. Schweigend glaube ich, wovon man nicht
sprechen kann.

Die Grenzen ihrer Sprache
ziehen die Grenzen meiner Welt.

Brich in mich ein. Brich mit mir auf.
Hilf mir auszubrechen, sprachlos zu sein im Fluge
sprachlos zu sein im Fluge
mit dir.

Herbstanfang

Losgelaufen auf steinigen Wegen.
Die weißmarkierte Startlinie
mit bangem Herzklopfen überschritten
im Licht der aufsteigenden Einkommen.

Angekommen an der grauen Linie.
Unsichtbar im Asphalt des Alltagsweges.
Unhörbar im Pfeifen des Tinnitus.
Unfühlbar im Dunst des Zeitenwinds.

Schmerzlos zu überschreiten
ohne Brücke aus Beton oder Bast.
Dahinter der sichere Grund.
Einkommen bedingungslos.

Ich rente den weiteren Weg.
Auskommen dürfen, sollen, müssen
mit den Geschichten der Geschichte
und Warten auf den Winter.

Leipziger Schule

Keine Tafel, kein Zeigestock, keine Pausenklingel.
Doch Bilder, die in unsere Köpfe marschierten
mit riesigem Schritt.

Die Galerien eines ungewollten Lebens,
das in uns war, das wir waren;
jetzt ausgesondert von den Zugewanderten.

Feingezeichnete Tentakel des Widerspruchs,
anspitzte Staffelstäbe aus Fragezeichen,
weggeschlossen in die Asservatenkammern des Zu-Vergessenden.

Die Staffeleistäbe zertreten vom selbsterschaffenen
Stiefel des Jahrhundertschritts.
Eigenhändig verbrannt im Zeitungspapier.

Meine graugekleideten Augen
schwimmen mit mir zurück
zu den Spiegelsälen unseres Lebens.

An der Wäscheleine der verwaschenen Jahre
bleichen wie Gehenkte
die rätsellosen Vexierbilder:

der handschlagende Sisyphos,
die freiheitsduftenden Luftballons,
das zweite Gesicht unseres täglichen Lebens.

Darüber, am ewigen Himmel
weichgezeichnet mit harter Währung,
schwebt neuer Rauch.

Bestandsaufnahme mit Nichts

An üppiger Tafel der lange Schatten
unvollendeter Bilanzen.
Gewinne und Verluste verlaufen sich wortreich
in Geschichten vom Nichts.

Nichts, außer uns, die wir nichts weiter erwarteten
als das große Los.
Nichts als das, was immer passierte,
wenn nichts passierte.

Nichts als Lamentieren
über den Dieselpreis und die E-Mobilität
und die Ungerechtigkeit, weil vom großen Kuchen
nichts für uns abfiel.

Nichts was uns aus der Bahn wirft,
weil der Zug längst stehen geblieben ist.
Nichts außer grauen Haaren
und grauen Gedanken.

Nichts von der Schuld und dem Versagen.

Josua 89

Alttestamentarische Erinnerung:
TV-Nachrichten in Schwarz-Weiß
statt glänzender Posaunen.

Josuas Männer,
auferstanden in Aufruhr,
sechs Wochen marschiert
auf marodem Untergrund,
lassen hohle Worte zusammenklappen
in unhaltbaren Wendungen.

Ein Versprecher
wird zum Versprechen,
lässt Mauern einstürzen
wie einst in Jericho.
Öffnet die Tore,
spült neue Priester in den Zeitenstrom.

„Aber die Stadt verbrannten sie mit Feuer
und alles, was darin war.
Allein das Silber und Gold
und eherne und eiserne Geräte
taten sie zum Schatz
in das Haus des HERRN." (Josua, 6-24)

Nur Rahab bleibt unerkannt.

Neujahrsabend

Ein kleines Stückchen Glaube,
ein großes Stückchen Gier.
Am Mond glänzt goldner Eifer,
im Mondlicht eifern wir.

Fragen wie Tropfen
fallen herab.
Schließe die Augen,
denken lenkt ab.

Ein buntes Schiff voll Menschen,
ein weißes Blatt Papier.
Die See schreibt die Geschichte,
das Ufer schreiben wir.

Fragen wie Tropfen
fließen dahin.
Es neigt sich die Waage
zum Risiko hin.

Ein schmaler Schatten Hoffnung,
ein breiter Schatten Krieg.
Maschinen rechnen Reste
von dem was übrigblieb.

Verdrehte Fragen,
ein Tunnelblick.
Lawinen rollen,
blick nicht zurück.

Inhalt

Von Kreisen und Kanten

Rainer G. Gellermann, geboren in den 50er Jahren des vergangenen Jahrhunderts im jetzigen Sachsen-Anhalt, ist Physiker, Träumer und Strahlenschützer. Die Mischung dieser Komponenten und die Reibungen an ihren Schnittstellen waren der Boden aus dem ihm von Zeit zu Zeit Ideen erwuchsen, die er versuchte in lyrische Formen zu bringen. Inzwischen hat sich sein literarisches Terrain ausgedehnt auf Leben, Landschaft und Leute. Die Region zwischen Wendland und Harz hat es ihm dabei besonders angetan. Er ist Mitglied der AG Literatur der Braunschweigischen Landschaft e. V.

Kontakt: rainer.gellermann@onlinehome.de

Veröffentlichungen (Auswahl)

Rainer Gellermann: Die Asse – Werte, Wahrheiten, Widersprüche. Versuch über kein Endlager. Essay, 44 Seiten. Epubli (2016), ISBN: 978-3-7418-0321-5. 44 Seiten. 7,80 €. Leseprobe: www.epubli.de

Rainer Gellermann: Skat mit Asse – ein Spiel mit der Geschichte eines strahlenden Problems. Eine Revue mit Texten und Liedern. Epubli (2016), ISBN: 978-3-8442-0602-9. 60 Seiten. 7,80 €. Leseprobe: www.epubli.de

Rainer Gellermann: Kast – oder: Wie die Glut in den Wald kam. Eine Revue mit Texten und Liedern. Epubli (2015), ISBN: 978-3-8442-0601-2. 40 Seiten. 7,80 €.
Videoteile bei www.youtube.com/results?search_query=der+strahlentaucher

Helga Thiele-Messow, Rainer G. Gellermann, Bettina Fügemann, Lutz Tantow, Ryka Foerster u.a.: Der Get/heilte Himmel. Federleichte Geschichten vom Jenseits einer Grenze. Epubli (2020) ISBN: 978-3-750290-59-4. 92 Seiten. 7,00 €. Leseprobe: www.epubli.de

Diverse Veröffentlichungen von Gedichten in Anthologien des Literaturpodiums.

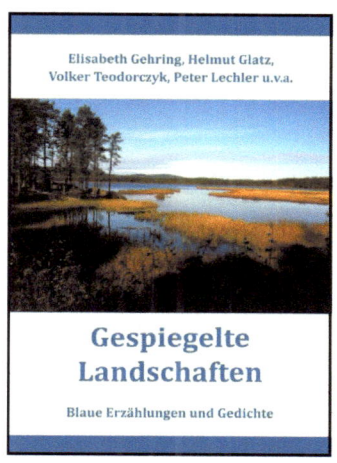

Gespiegelte Landschaften

Blaue Erzählungen und Gedichte

Elisabeth Gehring, Helmut Glatz, Volker Teodorczyk, Peter Lechler u.v.a.

428 Seiten, 2019

Wahre Feen tragen blau. Doch was kann helfen gegen einen Vater, der arbeitslos geworden, jedes Maß für ein gelingendes Leben verliert? Die Irrungen und Wirrungen eines Verlegers nimmt eine andere Erzählung aufs Korn. Mit einem blauen Scherenschnitt gelingt einer jungen Künstlerin etwas Besonderes, nur leider bemerkt sie das zu spät. Die Blaue Blume steht im Zentrum eines anderen Beitrags. Lesen Sie über die Landschaft der Stille im Norden Schwedens. Viele Gedichte nehmen die Farbe Blau in ihre Gedanken auf und verwandeln sie. Der Aralsee, einst ein blaues Wüstenauge, kommt in den Blick. Von blauen Mauern ist die Rede. Ein Autor berichtet von einem blauen Abteil im Zug und einer besonderen Begegnung darin. Über eine junge Liebe in Heidelberg erfahren wir mehr in einer ausführlichen Erzählung. Vom Blautopf und seinen untergründigenHöhlensystemen sowie der Schönen Lau kann man lesen. Erleben Sie eine Floßfahrt ins Blaue auf Tasmanien.

Leseproben, Inhaltsverzeichnis: www.literaturpodium.de

Unter einem Apfelbaum liegen

Gedichte

Kurt Eimers, Melissa Tara Nielsen, Peter Frank u.v.a.

348 Seiten, 2019

Endlos wechseln in Finnland die Seen und Wälder, Flößertrupps sind unterwegs. Kosten Sie Blaubeersaft. Vergessenes Land, die Abbruchkante rückt näher, die allerletzte Ernte wird eingeholt. So verschwindet Heimat für heute und morgen. Die Unvernunft will Siege feiern. Neue Temperaturrekorde werden gemessen. Die uralten Schriften der See, an den Warften landen sie an. Verse zwischen Seesternen und Muscheln, was sagen sie uns über Chile. Von Geisterhäfen und Seemannsfreuden wird berichtet. Die Apfelstraße wird zum Garten. Noch blühen Bäume dort wo einst Kartoffeln und Rüben angebaut wurden. Schauen Sie im Atelier vorbei, nach den Farbformen der Maler, den Gestalten der Frauen. Unter den Wellenreitern beben Urgewalten, doch Bruder Tod schlingt schnell. In Frankfurt mahnen die Geldsärge zum Himmel. Das Leben ist wie ein Haus mit vielen Türen, wir werden niemals alle öffnen.

Leseproben, Inhaltsverzeichnis: www.literaturpodium.de

Im Dünenblick

Gedichte

Peter Frank, Eline Menke, Carsten Rathgeber u.v.a.

304 Seiten, 2019

Über dem eiskalten Meer liegt Winternebel, Wellen spülen ans Ufer, das Dünengras ist gebeugt vom Wind. Kapstadt und Jakarta kommen in den Blick. Vom Potsdamer Belvedere und seiner langen stillen Zeit berichtet ein Gedicht. An den Ausbruch des dreißigjährigen Krieges wird erinnert. Gedichte sind Paul Celan gewidmet. Bis zum Horizont konnte man einst Divisionen erblicken. Seiltänzer bekommen ihren Auftritt. Ein Dichter geht ins Zwiegespräch mit Eva Strittmatter. Immer wieder gelangt im Band der Herbst zur Sprache. Warum neigt sich die Waage zum Risiko hin, drohen uns Lawinen einzuholen? Olivenbäume begleiten uns. Höfe wie Laternen sind in den Berg gehängt.

Leseproben, Inhaltsverzeichnis: www.literaturpodium.de

Im Mosaik der syrischen Spuren

Gedichte

Edda Gutsche, Dirk Tilsner, Ralf Burnicki u.v.a.

420 Seiten, 2018

Mancher würde gerne Datteln im Garten ernten. Wann gibt es Frieden in Syrien?, doch was für ein neues Joch rückt im Schatten nach? Palmyras Säulenstadt in Wüstenarealen widmen sich Gedichte, Homs, Aleppo oder Damaskus rücken in den Brennpunkt. Gedichte zu unterschiedlichsten Aspekten des syrischen Dramas durchziehen den Band an zahlreichen Stellen, aber auch an die Levante vor dem Krieg wird erinnert. Reisenotizen führen in die Normandie, Küstenlandschaften kommen in den Blick. Istanbuler Stadtgassen und Basare ziehen vorüber. Lyrische Anleitungen zum Orgelbau halten sich parat. Der deutsche Philosoph Fichte, erster Rektor der Berliner Universität, wird aus polnischer Perspektive gewürdigt. Wie sich unser Treibhaus schließt und ein Spott auf Brückentechnologien beschreibt ein Gedicht und gibt Aussicht auf eine solare Republik. Ein Abgesang auf den Reim im Gedicht will gerade diesen gefördert wissen, in dem es ihn scheinbar abschreibt. Lichtweber vagabundieren, verpassen Züge, sind auf Exkursion. Einige leicht erotische Beiträge lockern auf. Espressogesänge und deren Salto mortale werden zelebriert. Eine weiße Amsel fliegt davon.

Bis dein Blick Meer wird

Gedichte

**Ulrich Grasnick, Günter Kunert, Sigune Schnabel
Henry-Martin Klemt, Charlotte Grasnick, Marko Ferst u.v.a.**

412 Seiten, 2019

In der frischen Brise kurven Möwen über Dünen und Meer hinweg. Viel Weiß verbrauchte Caspar David Friedrich für seine Kreideküste. In einem weiteren Gedicht bricht die brennende Takelage des Winters herunter, umkreist von Rottgänsen. Farbige Versprechen tauchen beim Mexikanischen Totenfest auf, neue Kleider werden geschenkt. Ein Traumdetektiv geht auf die Suche. Patagoniens Puma und die Ruta 40 bekommen ihren Auftritt, Andengipfel. Für die Mutter will jemand kochen in einem syrischen Garten mit Datteln, wenn der Krieg vorbei ist. Blaue Pausen fallen in das Meer der Töne, Debussy verzaubert mit Flöten die Hörer. Krakauer Tauwetter, jemand spielt auf einer geraubten Trompete. Wie könnte Frühlingsluft durch die Flure der Zivilisation wehen? Der Müggelsee lädt zu einer Dampferfahrt ein. Grafiken von Dorothee Arndt illustrieren den Band. Das Köpenicker Lyrikseminar mit der Lesebühne der Kulturen Adlershof ist seit weit mehr als vier Jahrzehnten eine Institution. Für diesen Gedichtband wurden zahlreiche Gäste dazugeladen.

Leseproben: www.umweltdebatte.de

Jahre im September

Gedichte und Erzählungen

Marko Ferst

212 Seiten, Edition Zeitsprung, 2017

Über Ostseeinseln wie Öland und Usedom streifen die Gedichte. Sie führen in die schwedische Schärenstadt sowie nach Buchara, Samarkand oder in den Ural. Magische Ausflüge in die Natur und Tierwelt tauchen auf. Gedichte zu Musik, Literatur und Malerei reichern diesen Lyrikband an. Unter die Lupe genommen wird der Drang der Regierenden, uns mehr und mehr auszuspionieren. Kritik zieht das gescheiterte Afghanistan-Abenteuer auf sich, das syrische Totenfeld wird umrissen. In Bangladesch zeichnen sich weitere Landnahmen des Meeres ab, Wasserstände, die mit unserem verschwenderischen Lebensstil im Norden verbunden sind. Sondiert wird, warum unsere Zivilisation ökologisch zu scheitern droht, sich längst im Spätstadium befindet. In der Arktis zeigt sich, wie weit das Vorspiel zum Klimaumsturz schon gediehen ist. Spitzbergen archiviert unsere letzten genetischen Hoffnungen. Den Spuren und Abgründen einer mysteriösen Krankheit wird nachgegangen. Der Band enthält zwei Erzählungen - eine arktische Begegnung zwischen weißen Raubtieren und einen Blick in das sowjetische Speziallager Sachsenhausen.

Leseproben: www.umweltdebatte.de Bestellung: marko@ferst.de